Fondamenti di Sistemi Inforn

Luciano Maneli

Note sull'autore

Luciano Manelli è nato nel 1975 a Taranto. Si è laureato in Ingegneria Elettronica al Politecnico di Bari ed ha prestato servizio quale Ufficiale di Complemento presso la Marina Militare. Ha conseguito il Dottorato di Ricerca in Informatica presso il Dipartimento di Informatica dell'Università degli Studi di Bari Aldo Moro ed è stato docente a contratto presso il Politecnico di Bari - Dipartimento di Ingegneria Gestionale per il corso di Fondamenti di Informatica e presso l'Università degli Studi di Bari Aldo Moro - Dipartimento di Informatica per il corso di Programmazione per il Web. Durante il dottorato ha approfondito lo studio sul Grid Computing redigendo pubblicazioni internazionali. Professionista certificato, dopo aver lavorato 13 anni per InfoCamere S.C.p.A., dal 2014 è impiegato presso l'Autorità Portuale di Taranto.

Contatti dell'autore:

fondamentiinformaticamoderna@gmail.com

it.linkedin.com/in/lucianomanelli

Prefazione

Il presente testo è estrapolato dal libro universitario dell'autore. Il libro nasce da una quindicennale esperienza lavorativa sui sistemi informativi e da esperienze di docenza in corsi universitari e professionali e pertanto si rivolge principalmente al pubblico degli studenti, ma anche a quello dei professionisti quale punto di partenza per chi si addentra nell'ambito dell'informatica e dei sistemi informativi per la prima volta. Con questa ed altre versioni ridotte, l'autore si propone di approfondire alcuni ambiti specifici, che risultino di supporto alla preparazione di esami universitari o di certificazioni, ovvero di introduzione a particolari aspetti dell'informatica e dei sistemi informativi.

Nella seguente dissertazione sono analizzati i principi software dei Sistemi Informativi e le relative funzionalità per un'azienda, ovvero per un ente o per un'amministrazione pubblica. L'analisi parte dalla storia dei Sistemi Informativi per poi passare allo studio degli ERP e dei principali moduli core. Le successive sezioni illustrano i DSS e i Data Warehouse e le loro evoluzioni fino a giungere ai sistemi intelligenti (EIS e ESS). Le ultime sezioni analizzano i principi di CRM ed SCM, fino ad illustrare l'importanza delle Intranet nelle organizzazioni pubbliche e private analizzandone schematicamente la struttura base necessaria ad uno sviluppo proattivo delle stesse.

Ho sempre pensato e sostenuto che i sogni debbano essere conquistati e spero che la lettura e lo studio del presente testo vada oltre al suo scopo strettamente didattico aprendo prospettive su una realtà in continua evoluzione.

Luciano Manelli, "Fondamenti di Informatica Moderna",
ARACNE, 2014.

1. Indice

2. Introduzione

I Sistemi Informativi (SI) sono un elemento ormai indispensabile per la vita delle aziende (ma anche delle Amministrazioni e degli Enti Pubblici) quale strumento di analisi e controllo, oltre che fonte di sopravvivenza e successo imprenditoriale, il cui scopo è quello di produrre un flusso continuo di informazioni da utilizzare sia come supporto logico alle funzioni aziendali a tutti i livelli, sia per prendere decisioni rendendole il più razionali possibile.

3

L'obiettivo dei Sistemi Informativi è raggiunto attraverso un processo di trattamento e di elaborazione dei "dati" (numeri, simboli, misure espressione di "fatti" di interesse aziendale) e la relativa trasformazione in "informazioni"(dati convertiti ed elaborati) importanti per i processi aziendali e decisionali.

I dati provenienti dai vari settori interni e da fonti esterne devono essere trasformati per diventare informazioni utili alla gestione aziendale e devono rispettare i seguenti requisiti:

- completezza: le informazioni devono fornire ai responsabili delle varie funzioni aziendali il quadro completo di un particolare problema o di una particolare situazione sui quali si deve prendere una decisione;

- sinteticità: le informazioni devono essere tali da facilitare l'analisi degli eventi che descrivono, presentandone gli aspetti più essenziali possibili.

Una massa eccessiva di dati ed informazioni è estremamente negativa per il processo di decisione in quanto implica una quantità eccessiva di tempo per l'elaborazione e per la successiva analisi. Pertanto, occorre considerare le ulteriori caratteristiche:

- tempestività: le informazioni devono offrire una base razionale al processo decisorio. L'esigenza, all'interno delle imprese, di prendere decisioni in tempi sempre più brevi e in contesti ambientali ed economici caratterizzati da rapida evoluzione, richiede che le informazioni arrivino in tempo utile da permettere pronte ed efficaci reazioni da parte del sistema aziendale;

- chiarezza di presentazione: nell'utilizzo di dati, grafici, tabelle, prospetti è importante una facile leggibilità per i singoli utilizzatori, in quanto non tutti i destinatari dell'informazione hanno le basi tecniche per estrapolare rapidamente dalle informazioni i riferimenti necessari per prendere le decisioni più razionali ed efficaci;

- uniformità dei criteri di rilevazione, classificazione, presentazione e trasmissione delleinformazioni;

4

- razionalità delle procedure di informazione e dei mezzi tecnici a supporto del servizio informativo in modo da garantire che il costo del servizio stesso sia largamente ammortizzato dal numero, dalla qualità e dalla tempestività dei servizi informativi resi ai diversi settori aziendali;

- flessibilità del servizio informativo alle differenti esigenze dei diversi centri di responsabilità, fornendo ad ogni responsabile solo le informazioni di cui ha bisogno.

3. Storia

La nascita dei primi Sistemi Informativi computerizzati è da attribuirsi agli inizi degli anni '50 quando si svilupparono i Transaction Processing Systems (TPS), i quali si occupavano di gestire tutte le attività ripetitive che si svolgevano ai livelli più bassi dell'organizzazione (quali fatturazione e gestione dei salari). L'avvento dei TPS ha permesso il passaggio da una gestione dei dati tipicamente manuale ad una totalmente automatizzata. Verso la metà degli anni '70, grazie al progresso tecnologico e alla crescita della capacità di elaborazione dei calcolatori, nacquero i primi Sistemi Informativi per il controllo direzionale, ossia i Management Information Systems (MIS) che fornivano un supporto ai livelli organizzativi più alti dell'organizzazione aziendale. Compito di questi nuovi sistemi era quello di produrre dei report predefiniti, standardizzati e generati periodicamente. Ciò che serviva ai responsabili era comunque accedere in modo veloce ai dati opportunamente elaborati e atti a supportare le attività manageriali. Tali dati erano contenuti nei database aziendali provenienti dalle operazioni di transazione e gestiti dal TPS. Occorreva creare un nuovo database (il Data Warehouse), alimentato dai dati raccolti nei database aziendali, aggregati secondo opportuni criteri, e usato solo per le decisioni di supporto. Ovviamente, servivano anche degli strumenti software che permettessero di elaborare in modo analitico le informazioni aggregate contenute nel nuovo database in maniera da supportare diversi modelli e stili decisionali.

Su questo innovativo approccio si basa la nascita e l'evoluzione dei Decision Support Systems (DSS), i quali aiutano i responsabili a prendere decisioni migliori e i sistemi Enterprise Resource Planning (ERP), che sono sistemi integrati usati per la pianificazione delle risorse aziendali con alta disponibilità e qualità delle informazioni. In ultimo, emergono gli Expert Systems (ES), complementari ai DSS, con il compito di supportare il processo decisionale del manager qualora le conoscenze specifiche di quest'ultimo dovessero essere carenti in alcuni ambiti applicativi.

Successivamente, i due sistemi DSS e ES sono stati accorpati nei sistemi Knowledge-based DSS (KDSS). Tali sistemi combinano l'azione di elaborazione dei dati attraverso modelli matematici, compito tipico dei DSS, e l'azione di sviluppo di valutazioni, attraverso un processo di ragionamento simbolico, tipico degli ES.

L'ultima fase evolutiva dei Sistemi Informativi prevede la nascita degli Executive Information Systems (EIS) quale forma più specializzata dei DSS, in quanto supportano il top management nel processodecisionale fornendo informazioni in tempo reale attraverso un'interfacciamolto amichevole e intuitiva. Gli EIS sono, a livello aziendale, DSS che supportano i dirigenti di alto livello per analizzare, confrontare, ed evidenziare le tendenze difattori variabili in modo che possano monitorare le prestazioni ed identificare opportunità e problemi.

4. Sistemi Informativi nell'Organizzazione Aziendale

Un sistema informativo, razionale ed efficiente, può anche non garantire che le decisioni dei responsabili siano sempre e comunque buone, in quanto ciò dipende anche dalla loro capacità ed esperienza, ma può certamente contribuire a renderle migliori o comunque più razionali. Un SI comprende quegli elementi che intervengono e guidano il processo di trasformazione di un evento in informazione. Tali elementi sono rappresentati da:

• dati,che delineano gli aspetti fondamentali di cui bisogna tener conto per gestire, in un determinato contesto, l'evento stesso;

• principi organizzativi, che regolano il funzionamento organizzativo e influenzano,direttamente o indirettamente, le modalità di raccolta, elaborazione e distribuzione dei dati;

- procedure organizzative (automatizzate e non), le quali determinano le specifiche secondo cui un processo si realizza: ogni organizzazione sviluppa delle regole che determinano le modalità con cui le informazioni sono usate;

- l'infrastruttura tecnologica, che individua le tecnologie dell'informazione e della comunicazione utilizzate a supporto della gestione automatizzata dell'informazione;

- le persone, che hanno il compito di realizzare le procedure di attuazione dell'informazione e hanno la caratteristica di occupare diversi ruoli nell'organizzazione;

- gli utenti, ossia coloro che usufruiscono delle informazioni prodotte dal sistema e sono la parte attiva del sistema stesso in quanto le loro attività producono eventi a cui si associano dei dati.

Un Sistema Informativo influenza notevolmente l'organizzazione aziendale ed occorre comprendere come svilupparlo per poter influire positivamente sul rendimento di un'azienda. L'informatica si sta imponendo come uno dei maggiori fattori di innovazione in grado di trasformare l'assetto organizzativo delle aziende, sia in termini di struttura che di modalità operative. Infatti, tutti gli assetti organizzativi studiati per assicurare i flussi informativi verso il vertice dell'impresa, sono diventati obsoleti allorquando i mezzi informativi hanno facilitato il trasferimento ed il consolidamento dei dati. Con l'avvento delle tecnologie informatiche sono stati influenzati non solo i processi di programmazione e controllo, ma anche tutti quei processi aziendali di tipo operativo. L'informatica ha quindi provocato mutamenti significativi all'interno delle imprese in quanto molti processi aziendali si sono semplificati e sono stati adottati molti Sistemi Informativi più inerenti alle nuove necessità delle imprese. Altro aspetto importante ed in continuo sviluppo, è l'attivazione di flussi di informazioni inter-aziendali che ha permesso di modificare le relazioni tra fornitore-impresa-cliente e impresa-impresa andando così a creare relazioni ed interazioni con l'insieme degli attori con cui l'azienda interagisce. Questa evoluzione si affianca e procede parallelamente allo sviluppo delle intranet aziendali, che sono diventate uno strumento non solo informativo all'interno dell'azienda, ma anche collaborativo e soprattutto di crescita e di condivisione delle informazioni. Il fatto di poter conoscere le esigenze dei singoli utenti e di condividerle in azienda permette di migliorare la gestione dei problemi e di garantire un profitto all'azienda stessa. La possibilità di disporre di informazioni con facilità, velocità e precisione, ha mutato il comportamento delle aziende. Tale evoluzione ha coinvolto sia ogni aspetto interno delle imprese che gli aspetti esterni derivanti dalle relazioni interaziendali. I SI aumentano la capacità di usufruire di informazioni per il processo decisionale e rappresentano una spinta al miglioramento dell'organizzazione aziendale medesima, in quanto promuovono e facilitano forme di collaborazione fra soggetti con professionalità e competenze diverse e contribuiscono al perseguimento degli obiettivi organizzativi di un'azienda attraverso l'efficienza (velocità e riduzione di costi legati alla trasmissione delle informazioni), l'efficacia (miglioramento della qualità dei processi decisionali) e l'equità (esplicitando le procedure e le informazioni dei processi decisionali).

5. ERP

Il mercato attuale è governato da una domanda altamente flessibile e il protagonista per eccellenza, all'interno della realtà economica, è il cliente: le varie organizzazioni aziendali puntano di conseguenza a soddisfare le sue esigenze. Elevata personalizzazione del prodotto e rispetto dei tempi di consegna sono i requisiti chiave che un'azienda deve possedere. Allo stesso tempo, le aziende devono essere in grado di gestire il continuo mutamento dell'ambiente in cui operano in quanto, con l'avvento della globalizzazione, sono nati molti mercati e molte aziende che creano scenari competitivi sempre più complessi. Ciò ha portato ad un trasferimento di attenzione dalle esigenze interne al soddisfacimento di bisogni reali e mutevoli del cliente finale. Unsistema di gestione in grado di integrare tutti gli aspetti del business, dalla pianificazione alla realizzazione dei prodotti o servizi, ma anche le vendite, gli acquisti e il marketing, diventano una prerogativa della sopravvivenza e del successo aziendale.

Per soddisfare tale esigenza, all'inizio degli anni '90 emergono i primi sistemi ERP (Enterprise Resource Planning), quali Sistemi Informativi che si occupano della gestione globale dell'impresa e che hanno lo scopo di integrare tutte le attività tipicamente riscontrabili nella realtà organizzativa di un'azienda. L'acronimo, coniato dal Gartner Group, è nato per indicare quel prodotto informatico volto a risolvere il problema della gestione e dell'integrazione trasversale dei flussi informativi e che permetta una visione unitaria della gestione aziendale e una ricentralizzazione delle fonti di informazione.

Con l'evoluzione dei Sistemi Informativi in ambito aziendale, si è passati da una logica centralizzata del mainframead una logica distribuita propria dell'architettura client-server, nel quale l'interfaccia è gestita dal client, il calcolo è affidato ad un server applicativo e la gestione dei dati è collocata su database. La presenza in azienda di quest'ultima architettura ha agevolato la diffusione dei sistemi ERP. L'odierna organizzazione aziendale richiede una ricentralizzazione ed una integrazione dell'informazione che è possibile grazie alle caratteristiche dei sistemi integrati. Il sistema ERP sorregge, integra e automatizza la maggior parte dei processi industriali, coinvolgendo i settori delle vendite e della distribuzione, della produzione, della logistica, della fatturazione e delle risorse umane.

A differenza di altri sistemi, quelli integrati nascono già integrati sia sotto il profilo dell'architettura informatica di base, sia sotto quello della progettazione logica. Con la diffusione della piattaforma dei sistemi integrati è possibile osservare la trasformazione che ha colpito le diverse organizzazioni industriali le quali hanno vissuto il repentino passaggio da procedure lente, con produzione inflessibile e approvvigionamenti rigidi, all'elevata personalizzazione degli ordini che interessa l'intero ciclo produttivo: dal cliente al fornitore. L'aspetto positivo è, ad esempio, che le aziende si ritrovano ad avere a che fare con livelli di scorta minori e con una produttività maggiore. Gli ERP hanno influenzato notevolmente la trasformazione delle imprese apportando ulteriori modifiche ai diversi livelli dei processi gestionali da quello operativo, a quello manageriale, a quello interaziendale e fino a quello più importante di business.

5.1. La suite ERP

L'ERP è un pacchetto software standard, integrato e modulare i cui programmi immagazzinano, organizzano,elaborano e trasmettono le informazioni attinenti alla globalità dei flussi relativi ad un'azienda, quali clienti e fornitori, processi decisionali del management, coordinamento dell'area logistica, del marketing, delle vendite, degli acquisti, della finanza e delle risorse umane. L'uso dei sistemi integrati comporta una più chiara comunicazione all'interno dell'azienda: anche i ruoli sono ben definiti e pertanto si facilita l'eliminazione delle attività superflue e ridondanti, consentendo risparmi di costo e una riduzione delle tempistiche dei processi a vantaggio di flessibilità e prontezza. Infine, un ulteriore vantaggio è la trasparenza delle informazioni, tale da rendere accessibili le stesse ad una schiera di operatori più ampia, riducendo il problema del blocco di un processo in caso di assenza dei preposti a quelle attività.

L'introduzione degli ERP in azienda permette di gestire una gran mole di dati contenuti in più database che sono gestiti dalle diverse funzioni aziendali, a tutti i livelli ed in qualsiasi momento. Tali sistemi integrati usano i database relazionali: i dati e le informazioni sono in continua relazione tra loro, indipendentemente dal database in cui sono immagazzinati.

Un sistema ERP è composto da una serie di moduli funzionali ideati per offrire un supporto ai processi d'impresa ed identificabili sinteticamente di seguito:

- finanza e controllo aziendale: si occupa di tutte le operazioni riguardanti la contabilità e controllo di gestione;

- logistica: ingloba tutte le attività in relazione con il flusso fisico dei materiali, dei semilavorati, dei prodotti finiti e delle materie prime usate in tutte le fasi produttive;

- vendite e distribuzione: supporta il processo di vendita, fatturazione e stipulazione contratti;

- pianificazione della produzione: insieme di attività che consentono di controllare tempi e costi del ciclo produttivo;

- approvvigionamento: processo di acquisizione di beni o servizi al fine di supportare l'attività produttiva;

- risorse Umane: gestione ed organizzazione del personale addetto alle diverse attività aziendali;

- gestione del capitale: attività di monitoraggio e manutenzione di tutte le risorse materiali che costituiscono un valore per l'azienda, dall'amministrazione, alla manutenzione alla gestione dei progetti;

- gestione della distribuzione: attività logistiche delle aziende, con l'obiettivo di controllare le prestazioni e migliorarne l'efficienza;

- gestione del cliente: attività volte a monitorare e migliorare il rapporto con il cliente;

- gestione progetti: attività volte alla realizzazione degli scopi e degli obiettivi di un progetto.

I sistemi ERP sono caratterizzati da un'unica base dati che apporta molteplici vantaggi, in particolar modo con l'aggiornamento unificato della stessa. Infatti, l'arrivo di un materiale in magazzino aggiorna la situazione delle scorte, degli ordini e della contabilità dei fornitori, dando ai corrispondenti processi un'informazione unica e sincronizzata. Inoltre, l'architettura ERP certifica l'informazione garantendone la tracciabilità, ad esempio, relativamente ai vari documenti che vengono rilasciati per ogni processo aziendale (quale la bolla di prelievo che monitora la gestione delle scorte nel magazzino). Infine, l'unicità della base dati favorisce la razionalità dei dati per la direzione aziendale. Queste caratteristiche si ottengono attraverso l'integrazione verticale dell'informazione operativa e di quella manageriale dove l'integrazione verticale si basa su un Data Warehouse, quale collezione di informazioni statiche, che memorizza i dati, estratti dalla base dati operativa o da altre fonti, aggregati, raffinati e trasformati opportunamente, i quali vengono successivamente utilizzati nei software di supporto manageriale per la formulazione di strategie, di analisi del budget e di analisi dei risultati.

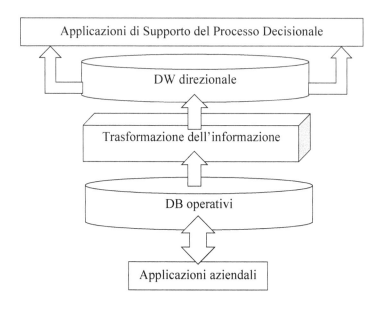

Figura 1. Architettura ERP.

L'Enterprise Resource Planning è una suite di moduli applicativi che supportano l'intera gamma dei processi di un'impresa. Una suite completa comprende decine di moduli applicativi che vengono schematicamente rappresentati nei tre gruppi di moduli core settoriali, core intersettoriali ed extended:

• moduli core settoriali: comprendono tutte quelle attività primarie dell'azienda e pertanto diversificate per ogni settore di riferimento. Ad essi è anche associato un costo relativo all'alta diversificazione delle risorse usate per il loro concepimento, la loro realizzazione e la loro manutenzione nel tempo;

• moduli core intersettoriale: hanno la funzione di informatizzare le attività aziendali di supporto e sono invarianti rispetto ai singoli settori industriali. In essi si possono individuare, a loro volta, altri moduli. I moduli istituzionali sono quelli che riflettono la regolamentazione pubblica e servono alle attività amministrative (contabilità gestionale, contabilità civilistica, la finanza aziendale e la gestione delle risorse umane). Seguono i moduli direzionali che sono finalizzati alla conduzione manageriale (pianificazione strategica, controllo e programmazione del budget, analisi dei costi e reporting aziendale) ed, infine, è presente il portale aziendale che offre un accesso via Web alle informazioni aziendali;

- extended ERP: è formato da una serie di moduli che gestiscono le transazioni interaziendali e, più in generale, le transazioni tra più aziende o tra una singola azienda e più fornitori/clienti. Tali suite supportano il ciclo vitale del prodotto (PLM o Product Lifecycle Management), la catena di approvvigionamento (SCM o Supply Chain Management) e anche le interazioni con il cliente (CRM o Customer Relationship Management).

Con l'estensione dello schema ERP, le aziende hanno a disposizione una gamma molto ampia di applicazioni informatiche. Infatti, mentre le suite core informatizzano le attività aziendali interne di livello operativo e direzionale, la suite extended informatizza le transazioni interaziendali verso fornitori e clienti. Grazie all'estensione molto ampia, la suite degli ERP si propone come soluzione di riferimento per il sistema informativo aziendale nelle sue componenti intra-aziendale, operativa direzionale e inter-aziendale. Grazie alla modularità, l'azienda può scegliere una strategia d'implementazione coerente con la situazione dei sistemi e con il grado di rischio che essa può sostenere. La stratega adottata è quella di avere un ERP che caratterizza il core aziendale e alcuni moduli, selezionati in funzione delle esigenze aziendali, che possono essere implementati internamente, o vengono attivati tra quelli presenti nell'ERP acquisito, ovvero acquistati esternamente da vendor differenti. Le due metodologie sono: la one-stop-shopping, cheprivilegia la linearità e semplicità, secondo la quale l'azienda usa i moduli di un solo vendor; e la best-of-the-breed, con la quale l'azienda combina moduli di più vendor e permette la ricerca della soluzione ottimale per ogni processo aziendale. Questo processo è favorito anche dall'adozione dei nuovi standard di sviluppo che permettono l'interoperabilità tra applicazioni anche legacy.

5.2. Motivazioni e vantaggi di utilizzo

Lo scopo principale nell'uso degli ERP è quello di migliorare l'integrazione delle funzioni aziendali e la correttezza dei dati trattati. All'interno di una realtà aziendale, molte attività sono gestite da diversi fattori economici e a volte esterni all'azienda stessa. Le attività svolte non vengono più vissute come attività proprie della funzione aziendale e scollegate dal resto dell'azienda, ma vengono viste come un insieme unitario che deve muoversi organicamente, collaborando e coordinandosi, per il raggiungimento dell'obiettivo comune. Inoltre, la presenza di una base di dati condivisa ed interfacciabile con le varie applicazioni aziendali fa sì che i dati vengano trasformati ed inseriti un'unica volta, per diventare informazione corretta per tutta l'azienda e soprattutto per chi debba prendere decisioni. Inoltre sarà sempre possibile avere dei dati misurabili e chiaramente identificabili che identificano i vari flussi, così come risulterà essere preciso e dedicato il controllo che su di essi può essere instaurato.

Essendo una soluzione informatica che integra tutte le funzioni aziendali, i sistemi ERP consentono a ciascun soggetto, indipendentemente dal livello gerarchico in cui si trova, un'uguale visibilità dei processi aziendali evitando disallineamenti informativi che si possono verificare tra le varie funzioni aziendali. La possibilità di lavorare su dati affidabili e sempre allineati, incide sulla qualità del lavoro e del processo decisionale, abbassando sia l'incertezza ambientale sia quella relazionale.

In ultimo, la maggiore adattabilità ai cambiamenti permette di rispondere velocemente alle nuove domande di mercato, e lo stesso ERP può essere facilmente cambiato o espanso senza modificare il normale corso del commercio, risultando quindi non solo uno strumento innovativo per l'azienda e per il mercato, ma anche uno strumento tecnologicamente all'avanguardia ed in continua evoluzione e standardizzazione.

6. DSS

Nei vari ambiti di management aziendale, elementi come l'ERP e il DSS si stanno sempre più differenziando per permettere all'azienda di raggiungere i propri obiettivi in un mercato sempre più guidato dai clienti. I DSS, in particolare, forniscono un supporto elaborativo aggiuntivo ai sistemi ERP, utilizzando i dati presenti nel sistema informatico preesistente, che l'azienda non può o non vuole rimpiazzare, e integrandoli con i propri.Un'azienda che applica i sistemi decisionali DSS come contributo agli ERP riscontraun rapido ritorno sull'investimento, un'operatività molto rapida e un adeguamento notevole alle mutevoli esigenze dell'azienda con minori costi di realizzazione.

I sistemi decisionali generano piani ottimizzati per l'ERP e ne dettagliano i programmi rendendolifattibili. Infatti, un ERP non è sufficiente per prendere decisioni, in quanto costituisce solo un repertorio di dati utile a fornire una perfetta base alle decisioni manageriali: è quindi necessario, e in alcune realtà strategicamente fondamentale, l'uso parallelo ed integrato di un sistema decisionale di supporto alle scelte strategiche per la direzione.

Una delle caratteristiche più peculiari delle attività manageriali è la necessità di prendere delle decisioni con responsabilità e rischi sempre maggiori. Infatti, i dirigenti di un'attività aziendale si ritrovano molto spesso ad affrontare piccoli o grandi problemi quotidiani di fronte ai quali occorre prendere rapide decisioni. Molto frequentemente succede che i problemi decisionali sono caratterizzati dall'elevata numerosità di alternative e dalla complessità delle relazioni che legano i diversi fattori coinvolti nel processo decisionale. In situazioni di questo genere, il compito dei Decision Maker si fa sempre più difficile e per questo motivo che occorre usare metodi o modelli quantitativi tali da fornire ulteriori informazioni di supporto al decisore, grazie anche agli strumenti informatici. L'uso di tali strumenti permette di ottimizzare i tempi di risposta alle decisioni e di ridurre al minimo i margini di rischio e di incertezza, individuando l'obiettivo e i vincoli, formulando il problema, valutando le varie alternative, valutando e scegliendo la strada da seguire ed, in ultimo, perseguendo la scelta effettuata con le relative implementazioni e verifiche. Dato il processo decisionale, è necessario estrarre, in tempi brevi, da una gran mole di dati, le informazioni che servono a supportare e a migliorare il processo decisionale in termini di efficacia, facilità d'uso ed interazione tramite il supporto di sistemi DSS.

Per poter gestire in modo efficace ed efficiente l'organizzazione aziendale così da garantirne la sopravvivenza, non solo occorre che un Decision Maker abbia intuito ed esperienza, ma occorre, anche, avere a disposizione informazioni tempestive e precise così da ridurre quei tempi che intercorrono tra problema-azione. Inoltre i dati che servono all'elaborazione dei processi decisionali, devono poter essere condivisi tra tutti i livelli organizzativi. Ne consegue la necessità di adottare un sistema informativo capace di consolidare informazioni, estrarre le più importanti, produrre dati previsionali e consentire simulazioni, il tutto in modo flessibile, efficace ed efficiente.

Il DSS si pone nel processo decisionale come il sistema più vicino alla decisione ed ingloba EDP (Electronic Data Processing) e MIS (Management Information System). L'EDP è un Sistema elettronico di processamento dei dati per ottenere le informazioni, mentre il MIS elabora le informazioni per fornire alternative alle decisioni da prendere. Il DSS utilizza EDP e MIS per elaborare in modo interattivouna possibile decisione insieme al Decision Maker. La differenza rispetto all'approccio classico della ricerca operativa è che il DSS non cerca di fornire una soluzione ottima e quindi una risposta definitiva. Inoltre, tali sistemi di supporto alle decisioni combinano l'uso di modelli o di tecniche analitiche con le tradizionali funzioni di elaborazione dei dati tramite un'elevata interattività, consentendo anche l'utilizzo a persone che non sono esperti utilizzatori di calcolatori.

Le principali componenti di un Sistema di Supporto alle Decisioni sono: Data Warehouse e Data Mart;OLAP (On–line Analytical Processing);Data Mining;Query;Knowledge.

6.1. Data Warehouse e Data Mart

Il Data Warehouse (DW) è un database ottimizzato che raccoglie i dati utili per il processo decisionale. Tale database è separato da quelli aziendali (Operational Database) in quanto deve memorizzare solo i dati relativi a determinati istanti dell'attività di gestione e quindi conterràquei dati aggregati in particolari istanti di tempo(dati settimanali, mensili o trimestrali). Inoltre sarà necessario integrare i dati che provengono dal database aziendale con dati relativi all'ambiente esterno in cui opera l'azienda(mercati, situazione economica e politica, principali concorrenti, ecc.). La mole di dati che viene memorizzata nel DW è abbastanza ampia in quanto un Data Warehouse gestisce dati provenienti da sorgenti diverse e diventa una raccolta dei dati storici, che sono elementi fondamentali per la gestione dell'azienda e per un decisore. Il DW è, inoltre, paragonato al cuore del DSS in quanto contiene tutti quei dati provenienti dai diversi database e li rende organizzati, consistenti, aggiornati, non volatili e relazionati.

Un Data Mart, contiene un sottoinsieme dei dati presenti nel Data Warehouse aziendale ed è quindi un Data Warehouse dipartimentale, di dimensioni più contenute e di natura più specifica rispetto al Data Warehouse aziendale. Il Data Mart permette di estrarre i dati necessari ad una particolare area di business o funzione aziendale o fatto specifico (vendite, produzione, ecc.) in modo da poter analizzare solo i dati di interesse evitando di accedere, quale prassi aziendale, alla mole di dati contenuta nel Data Warehouse.

Applicativamente un Data Warehouse mette a disposizione un database che sta alla base dei sistemi di supporto decisionale, le cui caratteristiche sono:

- separazione (tra elaborazione analitica e transazionale);

- scalabilità (l'architettura hardware e software deve poter essere facilmente ridimensionata a fronte della crescita nel tempo dei volumi di dati da gestire ed elaborare, e del numero di utenti da soddisfare);

- estendibilità (deve essere possibile accogliere nuove applicazioni e tecnologie senza riprogettare integralmente il sistema) eamministrabilità (la complessità dell'attività di amministrazione non deve essere eccessiva);

- sicurezza (il controllo sugli accessi è essenziale a causa della natura strategica dei dati memorizzati).

L'architettura di un DW è composta da quattro elementi fondamentali che interagendo tra loro permettono di svolgere le mansioni tipiche del database in esame. La prima componente è quella del livello sorgente (Operational Source System), che rappresenta il luogo fisico in cui sono presenti i software che si occupano di memorizzare i dati di base. La seconda componente è quella del livello di alimentazione (Data Staging Area), che è una componente intermedia tra il livello sorgente ed il livello del Warehouse e che permette di trasformare i dati attraverso opportuni strumenti, noti come ETL (Extraction, Transformation and Loading). Segue, poi, il livello del Warehouse (Data Presentation Area), che rappresenta il Data Warehouse a tutti gli effetti e nel quale i dati sono selezionati e sono pronti all'uso aziendale. Questo livello è costituito da un diverso numero di Data Mart, ognuno dei quali contiene i dati relativi ad un processo aziendale. L'ultima componente dell'architettura del DW è il Livello di analisi (Data Access Tools), attraverso il quale gli utenti possono accedere al DW con opportuni strumenti (OLAP e Data Mining): tale livello ha la funzione di consultare in modo efficiente e flessibile i dati integrati sia per la stesura dei report che per le attività di analisi e simulazione. Affiancato al DW è, inoltre, presente un contenitore di metadati il cui compito è quello di mantenere informazioni sulle sorgenti, sui meccanismi di accesso, sulle procedure di pulitura ed alimentazione, sugli utenti, sugli schemi dei data mart, ecc.

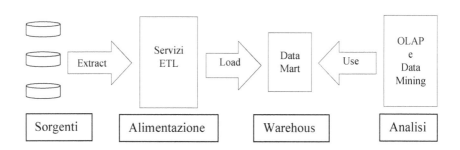

Figura 2. Elementi dell'architettura del DW.

Per la realizzazione di ogni componente del Data Warehouse si parte dalla prima fase in cui si definiscono gli elementi del "livello delle sorgenti" stilando un elenco completo e dettagliato delle sorgenti che alimenteranno il Data Warehouse (database, fogli elettronici, documenti XML) e si riportano la struttura (anche parziale) di tali documenti e le informazioni che contengono e come

18

sono strutturate. Segue, poi, la seconda fase ossia quella della progettazione degli strumenti ETL il cui ruolo è quello di alimentare una sorgente dati singola, dettagliata, esauriente e di alta qualità che possa a sua volta alimentare il DW (fase di riconciliazione). Durante il processo di alimentazione del DW, la riconciliazione avviene in due occasioni: quando il DW viene popolato per la prima volta, e periodicamente quando il DW viene aggiornato. Gli ETL, nei sistemi commerciali, sono configurati per il lavoro che devono svolgere. Le operazioni che caratterizzano tali strumenti sono:

• estrazione dei dati: i dati vengono estratti dal livello sorgente per mezzo dell'estrazione statica (viene effettuataquando il DW deve essere popolato per la prima volta e consiste concettualmente in una fotografia dei dati operazionali) e di quella incrementale (viene usata per l'aggiornamento periodico del DW, e cattura solamente i cambiamenti avvenuti nelle sorgenti dall'ultima estrazione);

• pulitura dei dati: si occupa di migliorare la qualità dei dati presenti del livello sorgente, dati che possono risultare duplicati, mancanti, privi di logica e di significato e errati;

• trasformazione dei dati: si occupa di convertire i dati dal formato operazionale sorgente a quello del DW. La corrispondenza con il livello sorgente è complicata dalla presenza di fonti distinte ed eterogenee: questo richiede una complessa fase di integrazione che presenta operazioni di conversione e normalizzazione per uniformare i dati;

• caricamento dei dati nel DW: avviene secondo la modalità di refresh, in cui i dati del DW vengono riscritti integralmente sostituendo quelli precedenti, e la modalità di update, in cui solo i cambiamenti occorsi nei dati sorgente vengono aggiunti nel DW (tecnica utilizzata per l'aggiornamento periodico del DW).

La terza fase definisce il livello del Warehouse attraverso la progettazione multidimensionale dei Data Mart.

La modellazione concettuale di un Data Warehouse utilizza:

• schema a stella: un singolo oggetto (tabella dei fatti) è posto in mezzo e si connette ad un numero di oggetti (tabella delle dimensioni). Un fatto è un evento di interesse per l'impresa (vendite, spedizioni, acquisti,...), le misure sono attributi che descrivono quantitativamente il fatto da diversi punti di vista (numero di unità vendute, prezzo unitario, sconto, ecc.), una dimensione determina la granularità minima di rappresentazione dei fatti (il prodotto, il punto vendita, la data), una gerarchia determina come le istanze di un fatto possono essere aggregate e selezionate e descrive una dimensione;

- schema a fiocco di neve o schema snowflake: è un raffinamento dello schema a stella in cui la gerarchia dimensionale è rappresentata esplicitamente attraverso la normalizzazione delle tabelle delle dimensioni;

- galassie: sono delle tabelle dei fatti multiple che condividono la tabelle delle dimensioni.

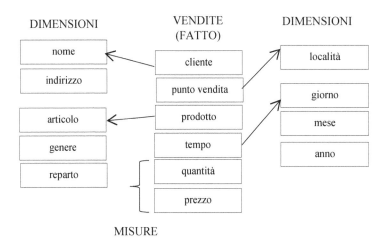

Figura 3. Esempio di Architettura DW: Schema a stella.

6.2. OLAP

L' OLAP (On-Line Analytical Processing)designa un insieme di tecniche software per l'analisi interattiva e veloce di grandi quantità di dati complessi. Tale componente di distingue dalla componente OLTP (Online Transaction Processing) tipica delle applicazioni di tipo operativo, in cui le analisi vengono effettuate direttamente sui dati di esercizio: soluzione che permette di avere i dati sempre aggiornati ed evita fasi intermedie di trasformazione dei dati, ma non è applicabile a situazioni dove la quantità di dati è elevata ovvero deve essere utilizzata a livello decisionale.

OLAP è la componente tecnologica base del Data Warehouse e, ad esempio, serve alle aziende per analizzare i risultati delle vendite e l'andamento dei costi di acquisto merci, al marketing per misurare il successo di una campagna pubblicitaria e ad una università per valutare i dati di un sondaggio. Gli strumenti OLAP hanno come obiettivo la sicurezza e l'integrità delle transazioni. Si possono individuare cinque parole chiave:

- fast: un'applicazione OLAP deve risultare molto veloce, ossia i tempi di risposta devono essere dell'ordine di decine di secondi altrimenti un processo si definisce fallito;

- analysis: il sistema può far fronte ad ogni logica di business e di analisi statistica importanti per l'applicazione e per gli obiettivi dell'utente;

- shared: il sistema implementa tutti i requisiti di sicurezza;

- multidimensional: il sistema deve fornire una vista concettuale multidimensionale dei dati, includendo pieno supporto per gerarchie e gerarchie multiple. L'approccio multidimensionale è certamente il modo più logico di analizzare business e organizations: in esso non vi è vincolo alcuno sul numero minimo di dimensioni, come non è imposto alcun vincolo sulla tecnologia del database;

- information: il sistema deve fornire tutti i dati e le informazioni necessarie ovunque si trovino e qualunque sia la rilevanza per l'applicazione.

Quindi le cinque parole chiave sono usate per esprimere il seguente concetto "Fast Analysis of Shared Multidimensional Information", ovvero, analisi veloce di informazione multidimensionale condivisa. La creazione di un database OLAP consiste nell'effettuare una fotografia di informazioni in un determinato momento e trasformare queste singole informazioni in dati multidimensionali.Eseguendo successivamente delle interrogazioni sui dati così strutturati è possibile ottenere risposte in tempi decisamente ridotti rispetto alle stesse operazioni effettuate su altre tipologie di database. Pertanto una struttura OLAP creata per questo scopo è chiamata cubo multidimensionale, quale rappresentazione multidimensionale dei dati ed è caratterizzato dalle seguenti operazioni:

• Roll Up O Drill Up = arrotolare, si passa da un certo livello di analisi al livello immediatamente superiore;

• Drill Down = trivellare, passare da un livello di dettaglio basso ad uno alto;

• Slice-And-Dice = tagliare a fette e a cubetti, ridurre l'insieme di dati oggetto in esame attraverso la formulazione di un criterio di selezione;

• Pivoting = fare perno, ruotare il cubo in modo da riorganizzare le celle per selezionare due dimensioni attraverso le quali aggregare i valori da analizzare;

• Ranking = attribuire una classe di merito,per ordinare i dati secondo diversi criteri.

6.3. Data Mining

Il Data Mining è un insieme di tecniche e strumenti usati per esplorare grandi database, con lo scopo di individuare ed estrarre le informazioni e le conoscenze significative, in modo da renderle disponibili ai processi decisionali. Tale tecnica si usa per far fronte alla numerosità ed eterogeneità dei dati ed è costituita da attività di tipo predittivo, volta ad usare alcune variabili per predire il valore incognito o futuro di altre variabili, e di tipo descrittivo i quali hanno lo scopo di trovare pattern (una rappresentazione sintetica e ricca di semantica di un insieme di dati che esprime un modello ricorrente o eccezionale nei dati) che possano descrivere alcune distribuzioni o valori dei dati. Inoltre tali attività possono essere suddivise in:

• classificazione: attività predittiva in cui i dati memorizzati vengono utilizzati per individuare i dati in gruppi predeterminati;

- clustering: voci dei dati sono raggruppate in base alle relazioni logiche o alle preferenze dei consumatori ed inoltre il raggruppamento dei dati avviene per il criterio di similarità;

- associazioni: i dati vengono estratti per identificare delle relazioni;

- pattern sequenziali: attività descrittive in cui i dati si estraggono sulla base di modelli di comportamento e tendenze (regressione lineare).

Inoltre, un Data Mining è uno strumento utile al processo di estrazione delle informazioni, che si sviluppa in otto passi: comprensione dei processi di generazione ed utilizzo dei dati (dominio applicativo); pulizia dei dati disponibili; integrazione dei dati provenienti da diversi livelli sorgente; selezione dei dati; trasformazione dei dati (feature selection, feature extraction e discretizzazione attributi numerici); data mining (scelta, selezione e valutazione del modello); valutazione dei risultati (analisi dei patterndeterminati ed eliminazione dei pattern ridondanti, visualizzazione dei risultati attraverso grafici, tabelle, ...); utilizzo dell'informazione estratta (supporto alle decisioni).

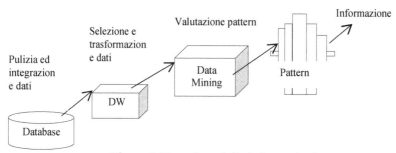

Figura 4. Estrazione delle Informazioni.

Il Data Mining richiederapidità di calcolo, database efficiente, rete molto veloce e comprende: metodi per identificare, localizzare ed estrarre dati rilevanti, strumenti per identificare relazioni tre i dati e tra combinazioni di dati e presentazione delle relazioni rilevanti tra i dati. L'output del Data Mining deve essere successivamente trasformato ed integrato nell'input dei processi decisionali.

Esistono, in ultimo, diversi livelli di analisi come le reti neurali artificiali (si autoistruiscono e analizzano elementi passati per suggerire scelte future), algoritmi genetici (sono tecniche di ottimizzazione e si basano su concetti di evoluzione naturale), alberi decisionali (nella cui struttura ad albero sono presenti insiemi di decisioni da attuare), regola induzione (estrazione di un utile sulla base di modelli statistici), infine la visualizzazione dati (interpretazione visiva della complessità dei dati multidimensionali).

6.4. Query

I Query interrogano il data base usando istruzioni specifiche del prodotto che si sta usando ed è una tecnica molto specialistica che non decide nulla ma si occupa solo di velocizzare l'elaborazione di informazioni limitandosi a fornire elementi a conferma o a smentita delle ipotesi formulate dai Decision Maker.

6.5. Knowledge

IlKnowledge indica quella tecnica secondo la quale i dati e le informazioni sono raccolti, organizzati e processati in modo da fornire la conoscenza, l'esperienza e l'approfondimento continuo. Tale strumento permette di conoscere per bene l'organizzazione dei dati e il tipo di ricerca.

6.6. Classificazione Dei DSS

Dal punto di vista informativo è possibile individuare le seguenti tipologie di DSS:

- DSS data oriented;
- DSS model oriented;
- DSS basati su tecniche di Intelligenza Artificiale.

I DSS data oriented si basano su tecniche di interrogazione del patrimonio dati e consentono, quindi, di ricavare quelle informazioni utili al decisore tali da essere un buon input per il processo decisionale. A loro volta essi si suddividono in data retrieval, in cui l'informazione si ottiene accedendo ed elaborando un tipo di dato e in data analysis, in cui l'informazione si ottiene accedendo a più dati e correlandoli. Inoltre si può parlare di data analysis semplice se si consulta un solo archivio, e di data analysis complessa se la correlazione avviene tra dati appartenenti a più archivi.

I DSS model oriented si basano su una descrizione quantitativa del fenomeno i cui rapporti causa-effetto vengono descritti mediante modelli di tipo logico-matematico che hanno come finalità principale quella di riprodurre gli effetti di una decisione. In questo caso si utilizzano diversi modelli: modelli predittivi,che forniscono informazioni di input al processo decisionale aiutando il decisore nelle scelte e possono essere di tipo deterministico o probabilistico; *what-if-analysis* o modelli di simulazione,che valutano le scelte dei processi decisionali e rispondono a reiterate applicazioni del decisore mostrando gli effetti di scelte diverse alla ricerca di un output soddisfacente; modelli di ottimizzazione (vincolata), che ricercano la soluzione ottimale tra tutte quelle ammissibili solo se è disponibile un modello esatto del fenomeno di interesse fornendo una valutazione quantitativa delle conseguenze delle varie decisioni; modelli per l'attuazione delle decisioni, che si utilizzano solo nel caso in cui il fenomeno permette un ulteriore grado di automazione del processo decisionale e permettono di indicare la soluzione migliore rendendola operativa.

Infine i DSS basati sull'Intelligenza Artificiale (IA) si classificano in Knowledge Based Systems (KBS) che sono orientati alla costituzione e all'accrescimento di conoscenze inerenti uno specifico ambito attraverso l'uso di regole logiche che sono usate per prendere decisioni; e in Expert Systems che emulano il processo decisionale di un individuo (decisore esperto) che ha grande esperienza del fenomeno su cui effettuare la decisione. I sistemi esperti possono anche essere utili da un punto di vista didattico e di risparmio dell'azienda, perché permettono a un decisore inesperto (decisore junior) di prendere decisioni che vanno oltre la sua stessa esperienza. Un ES può considerarsi costituito da una Base di Conoscenze (Knowledge Base) e da una logica per la ricerca della soluzione (chiamata Motore Inferenziale) che ripercorre il meccanismo di sviluppo del ragionamento di un esperto che ha a disposizione la medesima base di conoscenze.

Architetturalmente è possibile distinguere le seguenti tipologie di DSS:

- reti di DSS: in cui le varie componenti del DSS non sono localizzate in un unico sistema informatico ma in una rete di sistemi che presentano diverse interfacce da aggregare in seguito;

- DSS bridge:ha la caratteristica di avere un unico componente-interfaccia fra i componentidi dialogo, di modellazione locale e di database col fine di ridurre il numero di interfacce. Il ponte consente di usare un unico tipo di dialogocon il sistema, a differenza del caso delle reti di DSS;

- DSS sandwich: è caratterizzato da un solo sistema di dialogo e da un solo componente database e tra di essi sono interposti diversi modellatori. Con tale approccio è complicato integrare i dati esterni:

- DSS tower: è un sistema complesso che riassume i precedenti. È costituito da un componente di database il quale a sua volta contiene un sistema di estrazione delle informazioni e quindi componenti decisionali. È presente un componente di dialogo posto in modo da risultare opposto al componente database e tale da contenere componenti decisionali rivolte all'interfaccia macchina-utente. Infrapposti come nel caso del DSS sandwich vi sono i componenti modellatori i quali non operano solo con i dati da un lato e le richieste dall'altro, ma mediano le richieste dell'utente con il risultato del sistema di estrazione che arricchisce l'informazione prima di modellare.

7. EIS e ESS

I sistemi di supporto alle decisioni in ambito direzionale seguono svariate piste, ma una delle più importanti è quella relativa agli Executive Information System (EIS) quale specializzazione dei DSS. Tali SI hanno lo scopo di facilitare e supportare le esigenze decisionali di manager di alto livello, ossia coloro i quali compongono il senior management, attraverso la fornitura di facile accesso ad informazioni interne ed esterne importanti per raggiungere gli obiettivi strategici dell'azienda. I sistemi EIS sono DSS che abbracciano l'intera azienda, aiutando i dirigenti ad analizzare, confrontare e sottolineare le tendenze di variabili importanti, permettendo loro di controllare le prestazioni e identificare opportunità e problemi. L'EIS si distingue da un DSS per il ruolo e i per i compiti manageriali svolti dai destinatari di sistema. Infatti, mentre i potenziali utenti di un sistema informativo esecutivo sono gli alti dirigenti e svolgono mansioni meno specifiche, ma soprattutto di ampio raggio, con i DSS i manager di medio livello, gestiscono informazioni ben più abbondanti e dettagliate, utili a migliorare i processi di pianificazione, controllo e analisi degli scostamenti. Gli EIS tendono a voler comprendere e stimare in modo rapido la situazione corrente dell'azienda: le numerose caratteristiche richieste ad un supporto informatico per l'alta direzione si giustificano per il fatto che un dirigente di alto livello è tenutoa mantenere un ritmo particolarmente veloce nello svolgimento delle sue attività potendo dedicare solo tempi relativamente ristretti all'attuazione di uno specifico compito dirigenziale. Per la stessa ragione egli si trova impossibilitato ad interagire con un PC per lunghi periodi, né può impiegare il suo tempo nell'analizzare grandi volumi di dati presentati su tabulati cartacei. L'insieme di queste esigenze rendono determinante l'utilizzo degli EIS che permettono al dirigente di comprendere velocemente la situazione attuale dell'azienda. In secondo luogo, un senior manager usa dei Sistemi Informativipiù specializzati dei DSS per facilitare lo svolgimento degli affari aziendali e per analizzare contemporaneamente molteplici problemi ed opportunità in modo tale da facilitare il reperimento e l'analisi delle informazioni e allo stesso tempo esaminare in modo simultaneo sia le varie alternative di risoluzione dei problemi e sia le interconnessioni che possono emergere in modo da prevenire ogni possibile difficoltà nei processi di decisione aziendale. È possibile attribuire agli EIS un compito di visione e interattività globale di tutte le attività di decisione interne all'azienda. In terzo luogo, diventa ben più semplice controllare i piani di attività aziendale in quanto attraverso gli EIS è più facile effettuare una sintesi di tutti i progetti presenti in azienda integrati alle procedure di Project Management attive nell'impresa stessa. In ultimo, risulta importante capire che per un dirigente non conta solo avere una visione dell'azienda nel suo complesso, ma è fondamentale mantenere una prospettiva industriale che tenga costantemente in considerazione l'ambiente in cui l'azienda opera.

Con l'evoluzione tecnologica, è stata creata un'altra forma di specializzazione dei DSS volta a supportare la produttività individuale e l'automazione del lavoro di ufficio (Office Automation) di un dirigente ovvero lo Executive Support System (ESS), che prevede un più ampio insieme di capacità rispetto ad un EIS. Infatti, da un lato, il termine EIS richiama unicamente il controllo e la fornitura di informazioni di cui il dirigente necessita per gestire l'azienda, dall'altro, il termine ESS evoca ulteriori capacità di supporto all'attività dirigenziale e tende a diventare uno strumento di impiego routinario da parte dei dirigenti. Un sistema ESS include: supporto elettronico alla comunicazione interpersonale (posta elettronica, video conferenze, word processing, Internet), capacità di data analysis (foglio elettronico) e strumenti di organizzazione del lavoro (calendario elettronico, scadenzario elettronico, segreteria elettronica). Sono strumenti che permettono la comunicazione all'interno ed all'esterno dell'azienda, l'organizzazione delle specifiche attività del singolo dirigente e l'esecuzione di analisi previsionali personalizzate sulla base dei dati disponibili.

In ultimo, gli Expert System (ES)rappresentano una evoluzione dei DSS. I Sistemi Esperti sono in grado di prendere le decisioni in totale autonomia, senza ricorrere ad eventuali dirigenti di alto o medio livello e non sono usati per risolvere problemi che richiedono tecniche di ottimizzazione matematica tipiche di un DSS, ma, al contrario, gli ES sono utilizzati per problemi in cui l'obiettivo e gli eventuali vincoli non sono facilmente esprimibili in termini quantitativi.

8. CRM e SCM

La trasformazione del modello di business implica una sostanziale innovazione in quanto rende possibili nuove attività con conseguenti nuovi ricavi, determina una domanda di nuovi prodotti e servizi e permette di sviluppare nuovi mercati partendo da quelli già esistenti. La trasformazione non interessa tutte le aziende ma tutte quelle che hanno un'elevata intensità informativa del prodotto e del processo.

L'elevata mole di dati da raccogliere e su cui dover effettuare decisioni non è solo di interesse aziendale, ma abbraccia una varietà di altri ambiti da quello commerciale (analisi delle vendite, dei reclami, delle spedizioni, degli inventari, dei clienti e delle rimanenze/scorte in magazzino) a quello manifatturiero (costi di produzione, fornitori, ordini) a quello finanziario (analisi dei rischi, rilevamento frodi, utilizzo carte di credito) e dei trasporti (gestione parco mezzi, gestione carico e distribuzione) e delle telecomunicazioni (analisi del flusso delle chiamate, profilo dei clienti, assistenza clienti, promozioni). Quindi la trasformazione del modello di business passa attraverso i sistemi di interazione con il cliente e con i fornitori. In questo caso il contributo degli ERP core è limitato, così come i DSS sono sistemi strettamente connessi all'ambito aziendale: è necessario implementare un nuovo modello che permetta la progettazione di un'efficiente catena del valore e che garantisca all'azienda la necessaria redditività.Questo si ottiene attraverso i sistemi CRM che SCM (rispettivamente relativi ai clienti e ai fornitori).

I CRM (Customer Relationship Management) sono sistemi gestionali che, integrando concetti organizzativi, di marketing e di Sistemi Informativi, migliorano la capacità dell'azienda di interagire con i propri clienti accrescendone la fidelizzazione e ponendo il cliente e non il prodotto, al centro del business. Infatti, il CRM si spinge sostanzialmente secondo quattro direzioni differenti e separate: l'acquisizione di nuovi clienti (o "clienti potenziali"); l'aumento delle relazioni con i clienti più importanti (o "clienti coltivabili"); la fidelizzazione più longeva possibile dei clienti che hanno maggiori rapporti con l'impresa (definiti "clienti primo piano"); la trasformazione degli attuali clienti in procuratori, ossia consumatori che lodano l'azienda incoraggiando altre persone a rivolgersi alla stessa per i loro acquisti.

Il CRM può essere scomposto in tre macro aree: operativo, analitico e collaborativo e l'architettura tecnologica rappresenta il substrato che ne rende possibile l'applicazione. IlCRM operativo indica le soluzioni metodologiche e tecnologiche per automatizzare i processi di business che prevedono il contatto diretto con il cliente, il CRM analitico indica la fase di raccolta e di analisi dei dati, che permette di organizzare la conoscenza a supporto delle decisioni del management e il CRM collaborativo, infine, consente di instaurare rapporti personalizzati con il cliente attraverso i molteplici canali a disposizione. Il CRM non è una semplice questione di marketing, né di Sistemi Informativi, ma riguarda l'azienda e la sua visione nel complesso, infatti, è un approccio strettamente legato al concetto di strategia, di comunicazione, di integrazione dei processi, che pone il cliente al centro dell'attenzione nelle situazioni business-to-business, business-to-consumer. Molti sono gli strumenti a disposizione delle singole imprese al fine di instaurare con il cliente un rapporto individuale: call center, e-mail, chat online, forum di discussione, banche dati contenente le risposte alle domande più frequentemente poste dagli utenti (FAQ), indirizzi e-mail a cui rivolgersi, servizi informativi forniti anche su altri strumenti (come SMS da inviare al proprio cellulare, o l'utilizzo della tecnologia WAP), ticket on-line per la segnalazione di problemi o per la richiesta di assistenza, tracciamento interno di ogni comunicazione "da" e "per" il cliente, preventivi e fatture rivolte al cliente, storia dei pagamenti effettuati dal cliente, analisi della navigazione, per utenti profilati, con l'ausilio di web analyzer ed infine social network. Questa nuova visione del cliente porta benefici all'azienda quali la maggiore soddisfazione, la riduzione dei costi di marketing e la relativa maggiore efficacia, in quanto già note le sue esigenze.

Il SCM (Supply Chain Management) è l'insieme delle attività organizzative, gestionali e strategiche che governano nell'azienda i flussi di materiali e delle relative informazioni dalle origini, presso i fornitori, sino alla consegna dei prodotti finiti al cliente e al servizio post-vendita. Già dagli anni '80, la tendenza al miglioramento della pianificazione e dell'esecuzione della Supply Chain (insieme delle attività riguardanti la creazione di un bene, a partire dalle materie prime fino al prodotto finale: dalla fornitura di materiali o semilavorati, alla fabbricazione e all'assemblaggio, all'immagazzinamento, al monitoraggio delle scorte, alla gestione degli ordini, alla distribuzione e alla spedizione al cliente finale) ha portato allo sviluppo di Sistemi Informativi integrati che permettano la riconfigurazione dei processi di approvvigionamento, manifatturieri e distributivi sia per migliorare le prassi interne all'azienda, sia per aumentare la collaborazione e l'efficienza delle diverse realtà collocate a monte e a valle della filiera produttiva, col fine di controllare tutta la catena logistica.

È necessario curare le relazioni tra i partner, attori della Supply Chain, e l'integrazione tra le varie funzioni aziendali e non, sviluppando un coordinamento organizzativo, strategico e tecnologico, e soprattutto è fondamentale curare i processi, legati alla produzione di prodotti e di servizi lungo la Supply Chain. Si distinguono cinque categorie principali di processi: processi di pianificazione (*plan*); processi di approvvigionamento (*source*); processi di trasformazione (*make*); processi di distribuzione (*deliver*); processi di rientro (*return*). È possibile, tra questi, riconoscere processi collocabili in ambito di pianificazione strategica (Supply Chain Planning) e processi operazionali (Supply Chain Execution), ed individuare una serie di processi trasversali legati e finalizzati al coordinamento dei flussi informativi (Supply Chain Coordination) che permettono di gestire attori del processo, relazioni ed eventi nella Supply Chain. Tre sono i principali moduli presenti nei sistemi di coordinamento: i SRM (Supplier Relationship Management) per la gestione delle relazioni con i fornitori, i SCEM (Supply Chain Event Management) per il monitoraggio e la gestione degli imprevisti e i SCPM (Supply Chain Performance Management) per la misurazione delle performance. I sistemi di pianificazione prevedono moduli di progettazione della Supply Chain, schedulazione, distribuzione, gestione degli impegni verso i clienti. In ultimo, i sistemi di esecuzione prevedono principalmente moduli di gestione dei magazzini e gestione dei trasporti.

Diversamente dagli ERP che si concentrano sull'integrazione e il miglioramento dei processi interni i SCM sono volti all'integrazione oltre che dei processi di business interni anche dei flussi materiali, informativi e finanziari dell'azienda con i suoi partner, siano essi agenti, distributori o clienti finali, coinvolgendo sistemi di supporto previsionale sulla domanda, o sull'approvvigionamento, ovvero sul dimensionamento delle capacità produttive, con l'orientamento a prevedere ed anticipare eventuali dinamiche di mercato. Lo sviluppo delle tecnologie distribuite in rete ha permesso l'evoluzione delle transazioni e della condivisione delle informazioni (EDI - Electronic

Data Interchange) tra i vari attori e la facilitazione dei processi lungo la filiera produttiva, partendo dagli approvvigionamenti elettronici e giungendo al supporto alle transazioni finanziarie, fino alla tracciabilità delle merci attuate con moderne tecnologie RFID (Radio Frequency Identification).

Per ottenere una reale trasformazione occorre quindi integrare i moduli ERP e DSS, core dei processi interni, e le funzionalità dei moduli sia CRM che SCM.

9. La Intranet Aziendale: struttura e composizione

L'avvento della tecnologia Java e la standardizzazione delle interfacce, che permette la collaborazione e la comunicazione tra diversi servizi forniti da differenti Vendor, ha fornito un impulso importante allo sviluppo di una tecnologia modulare, il cui cuore è lo ERP, e che ha il suo apice nella nuova visione della intranet aziendale in ottica Web 2.0. L'esigenza di integrazione intraaziendale sia con i fornitori a monte e con i clienti a valle, ha inoltre portato alla creazione e allo sviluppo di una extranet per favorire i contatti in ottica collaborativa. In ultimo, l'uso sempre più serrato di strumenti di workflow ha permesso al management di modellizzare i processi aziendali, favorendo la riduzione di costi e tempi.

L'evoluzione tecnologica ha confermato come la composizione di servizi e moduli facenti parte di diverse realtà aziendali e compartimentali o semplicemente sviluppati in tempi remoti e con tecnologie obsolete (sistemi legacy), possa confluire nella visione condivisa della Intranet: la situazione attuale comporta la presenza di un'interfaccia di condivisione dei servizi e di accesso unica (single sign-on) per i differenti moduli aziendali e non.

Infatti, i moderni CMS (Content Management System), su cui sono state sviluppate le Intranet di ultima generazione, permettono sia l'integrazione con i diversi servizi utilizzati, grazie all'uso di portlet implementabili indipendentemente e facilmente configurabili, sia un flusso documentale semplificato, presentando il tutto con un'unica interfaccia grafica lato utente, il quale non deve più essere costretto ad accedere ad applicativi diversi con diverse regole di accesso e di uso, ma ad una sezione sulla propria intranet o sulla propria pagina personale. Inoltre, l'assorbimento dei nuovi orientamenti della rete consente di gestire i rapporti intra ed extra aziendali con una molteplicità di strumenti che va dal wiki, ai forum, ai blog, facilmente configurabili nella propria pagina personale in base alla propria funzione. In ultimo, la semplificazione e le comunicazioni con le Pubbliche Amministrazioni hanno forzato lo sviluppo di tecnologie standard basate sui servizi a tutti i livelli aziendali.

Una intranet presenta quindi un cuore: lo ERP, attorno al quale si sviluppano tutte le altre realtà organizzative. Il primo elemento in relazione con lo ERP è rappresentato da tutti gli strumenti decisionali (DSS, EIS, ESS, Data Mining, ecc.), fondamentali per la gestione organizzativa ad alto livello e per la pianificazione ed il futuro dell'azienda e, di conseguenza, gli HCM (Human capital Management) per la gestione del personale (pubblico o privato, interno o esterno), in quanto sono sempre gli uomini che fanno la differenza in un'organizzazione rispetto ad un'altra.

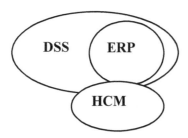

Figura 218. ERP, sistemi decisionali e HCM in una intranet.

Questi elementi possono quindi essere racchiusi all'interno di una intranet, che avrà accesso ai dati essenziali attraverso interfacce inter-comunicative e sicure progettate ad hoc per ogni realtà. Inoltre la intranet risulterà collettore di tutti quei sistemi informativi essenziali alla vita aziendale (CRS, SCM, AUDIT, Project Management, ecc.) sia interni che esterni.

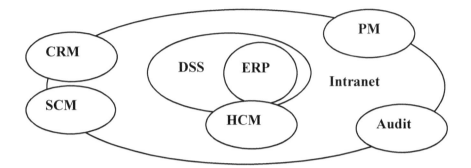

Figura 219. Connessione tra vari sistemi informativi nella intranet.

L'ultima connessione della intranet sarà con tutti quei sistemi internet (anche su Cloud) di cui l'organizzazione necessita per vivere ed essere competitiva e con cui si connetterà attraverso le forme più opportune (SPC, ESB, Servizi, ecc.).

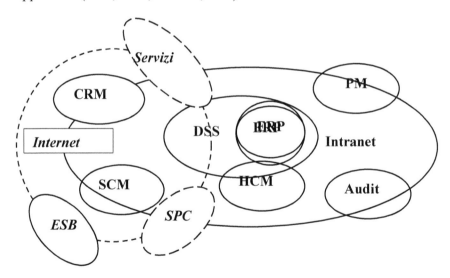

Figura 220. Intranet ed Internet.

Tra i principali contenuti che la intranet di un'azienda o di una Pubblica Amministrazione deve presentare o a cui deve accedere dal relativo ERP è possibile ritrovare:

- strumenti di comunicazione intra-aziendale: blog, wiki, RSS, web TV;
- strumenti di condivisione: live streaming, forum, social network, twitter, whatsapp (creando anche ambienti limitati di gruppo o di progetto, ovvero di condivisione manageriale);
- strumenti di comunicazione istituzionale: comunicati stampa, informazioni finanziarie e aziendali, governance, codice etico;
- strumenti interni di lavoro: gestione progetti, prodotti, servizi, strumenti;
- strumenti interni di intelligence: relazioni con DSS, ESS, data Mining, ERP, DataWarehouse, DataMart, marketing;

- strumenti interni di organizzazione: skills, organigramma, relazioni con HPC, processi, manuali, servizi personali (cedolini, regole di avanzamento e retribuzione, sindacati, ecc.);
- strumenti di relazione con clienti e fornitori: CRM e SCM;
- strumenti di acquisizione dati, di integrazione, di automazioni con realtà industriali;
- strumenti di comunicazione con l'esterno: sistemi basati su SPR, servizi WS o ESB.

Questi strumenti non devono essere tutti presenti, ovvero rappresentano solo una parte dei quegli elementi che un'azienda può usare in funzione delle proprie esigenze reali.

L'obiettivo diviene, quindi, quello di ricondurre ad un unico nucleo l'impresa o la Pubblica Amministrazione intesa nel suo complesso organizzativo, produttivo e contabile, affinché possa integrare e sviluppare gli strumenti di controllo per confrontarsi con la nuova realtà basata sulla globalizzazione e su concetti di elevata competitività.

10. Bibliografia

Luciano Manelli, "Fondamenti di Informatica Moderna", Casa Editrice ARACNE, 2014.

www.ingramcontent.com/pod-product-compliance
Lightning Source LLC
Chambersburg PA
CBHW070905070326
40690CB00009B/2001